RAINER WÖRTMANN

FISCHE

100 FRAGEN

---

100 ANTWORTEN

AF206150

Ein Privatdruck für

© 2018
Rainer Wörtmann
20144 Hamburg
rwoertmann@aol.com

Idee und Gestaltung:
Rainer Wörtmann

Die Abbildung S. 21-23:
© Thünen-Institut/
Fischbestände online 2017
Andere Abbildungen:
Diderots Enzyklopädie
1762-1777;

Herstellung und Verlag:
BoD - Books on Demand
22848 Norderstedt

ISBN 978-3-7460-1130-1

INHALT

Fig. 18.

1 Seit wann gibt es Fische?

Die ersten Fische tauchten vor ungefähr 480 Mio. Jahre im Ordovizium auf. Heute unterscheiden Wissenschaftler zwischen 33000 Fischarten, wobei diese Zahl stetig nach oben korrigiert wird, weil noch immer neue Fischarten entdeckt werden.

2 Seit wann kennt man Austern?

Schon in der griechischen Antike wurden Austern als Delikatesse von den damaligen „Feinschmeckern" sehr geschätzt. Vor 2000 Jahren begannen die Römer und 1858 auch die Franzosen Austern in geschützten Meeresbuchten zu züchten. Heute gibt es rund 100 Austernarten, die in den warmen und gemäßigten Ozeanen leben.

3 Was versteht man unter Kabeljaukriege?

Die wirtschaftliche Bedeutung des von Norwegen bis nach Brasilien als Volksnahrungsmittel verbreiteten Kabeljaus war im 20. Jahrhunderts so groß, dass Kabeljaukriege um die Fangrechte weit vor den Küsten einzelner Staaten zur See mit Waffengewalt geführt wurden.

4 Seit wann gibt es Fischfang?

Im Rift Valley in Zaire wurden neben Harpunen auch die

Gräten eines zwei Meter langen welsartigen Fisches gefunden, die auf ein Alter von 90.000 Jahren geschätzt wurden.

5 Seit wann versucht man Fische zu züchten?

Schon vor 3000 bis 4000 Jahren hat der Mensch zum Zwecke seiner Ernährung wilde Tiere zu Haustieren gemacht. Bereits 500 v. Chr. haben die Chinesen in Teichen Karpfen gezüchtet. Seit dem vergangenen Jahrhundert züchtet man in Europa Forellen in Süßwasser und Muscheln und Austern im Meer.

6 Welche Rolle hat das Fischsymbol?

Allgemein wird angenommen, dass die Christen, die in der Zeit des Urchristentums wegen ihres Glaubens an Jesus Christus verfolgt wurden, den Fisch als Geheimzeichen verwendeten, um sich untereinander als Gläubige zu erkennen. Nach dem 2. Jahrhundert war das Fischsymbol nicht mehr so wichtig, es wurde aber in den letzten Jahrzehnten wiederbelebt. Seit den 1970er Jahren ist das Fischsymbol millionenfach als christliches Zeichen auf Autos, und anderen Gegenständen zu sehen, das Symbol wurde vor allem von bekennenden Christen benutzt.

7 Können Fische das Wetter voraussagen?
Der Schlammpeitzger („Wetterfisch"), wurde früher von Bauern gehalten, da dessen Schwimmblase auf Veränderungen des atmosphärischen Drucks mit einer Ausdehnung reagiert und der Fisch dann die Luft über das Maul ausgibt. Vor einem Wetterwechsel wird die Art oft unruhig und schnappt häufig an der Wasseroberfläche nach Luft. Regional werden sie auch Furzgrundel oder Gewitterfurzer genannt.

8 Was steht auf der „Roten Liste"?
Die bekannteste Rote Liste der Weltnaturschutzunion (IUCN) nimmt Arten auf, die als gefährdet gelten. Dabei gibt es unterschiedliche Kategorien der Gefährdung, von „selten" über „gefährdet" bis „vom Aussterben bedroht" und „ausgestorben".

9 Was heißt „untermaßig"?
Für einige Fischarten gibt es eine Mindestgröße. Liegen die Größen der gefangenen Fische darunter, sind sie untermaßig und dürfen in der Regel nicht an Land gebracht werden.

10 Was bedeutet „Hohe See"?
Jeder Nationalstaat hat eine Zone von 12 Seemeilen ab seiner Küste ins Meer, die zu seinem Hoheitsbereich zählt. Nach dieser Zone erstreckt sich mit einer Länge von 200 Seemeilen ab der Küstenlinie die Ausschließliche Wirtschaftszone (AWZ) eines Staates. Dort werden den Staaten bestimmte Nutzungsrechte eingeräumt. Dahinter beginnt die „Hohe See", also die Region, die zu keinem einzelnen Nationalstaat gehört.

11 Welche Fische essen die Deutschen am liebsten?
Am besten schmeckt den Deutschen Lachs und Alaska-See-

lachs, gefolgt von Hering, Thunfisch und Forelle. Vor allem in der Osterwoche und vor Feiertagen nimmt die Nachfrage bei höherpreisigen Sorten zu.

12 Wo und von wo wird am meisten Fisch verbraucht?
Rekordhalter im Fischverbrauch sind Portugal und Island. Dort kamen – nach einer Statistik aus dem Jahr 2009 - auf jeden Einwohner pro Jahr rund 90 kg Fisch. Auf dem zweiten Platz landeten Norwegen und Japan, wo Fisch mit 70 kg pro Kopf ebenfalls als Grundnahrungsmittel angesehen wird. Der Weltdurchschnitt liegt bei 18,5 kg pro Person – in Deutschland nur 16 kg.
85 % der Speisefische und Fischereierzeugnisse werden aus den folgenden Ländern importiert: Dänemark, Norwegen, Niederlande, China und Polen.

13 Wie viel Fisch wird in Deutschland konsumiert?
Insgesamt kamen im Jahr 2012 rund 2,2 Mio. Tonnen Fisch und Meeresfrüchte auf die Teller der Deutschen. Seefischprodukte machen mit 10,1 kg pro Kopf zwei Drittel des Verbrauches aus. Die meisten Fische und Fischereierzeugnisse waren tiefgekühlt, es folgten in der Beliebtheit Konserven sowie Marinaden, Frisch- und Räucherfisch.

14 Welches ist der größte Fisch der Welt?
Der Walhai ist mit einer Länge von bis zu 15 Metern die größte bekannte Fischart der Welt. Der hauptsächlich im

Atlantik, Pazifik und Indischen Ozean vorkommende Planktonfresser kann ein Gewicht bis zu 20 Tonnen erreichen.

15 Welches ist der größte Raubfisch der Welt?

Der größte Raubfisch der Erde ist der Weiße Hai. Er erreicht eine maximale Länge von 6 Meter.

16 Welches ist der kleinste Fisch der Welt?

Im australischen Ozean lebt der „Stout Infantfish", der momentan als wohl kleinster Fisch der Welt gilt. Er wird maximal 7 Millimeter lang und ist ein Milligramm schwer. Der wurmartige Fisch wird nicht älter als zwei Monate und hat auch keine Schuppen, Zähne oder Flossen.

17 Welches ist der schnellste bzw. langsamste Fisch?

Thunfische und Marline sowie bestimmte Haiarten sind die Geschwindigkeits-Weltmeister. Sie können kurzfristig bis zu 80 km/h erreichen. Unsere einheimischen Fische erreichen selten mehr als 20 km/h.

Das Seepferdchen gilt als langsamster Fisch der Welt aufgrund der starren Körperstruktur erreicht es nur eine maximale Geschwindigkeit von 16 m/h.

18 Was sind Fische?

Fische sind im Wasser lebende Wirbeltiere mit Kiemenatmung. Die Klasse der Fische beschreibt keine in sich geschlossene Klasse, sondern fasst eine Gruppe von morphologisch ähnlichen Tieren zusammen. Die Morphologie ist die Lehre von der Form, Gestalt und Struktur.

19 Sind z.B. Wale und Delfine auch Fische?

Obwohl es die äußere Gestalt und der Lebensraum es vermuten lässt, sind Wale, Pinguine und Delfine keine Fische. Fische atmen mit Kiemen, Wale und Delfine hingegen mit Lungen, wie wir Menschen. Der Luftvorrat von Walen oder Delfinen reicht für mehr als eine Viertelstunde.

20 Haben alle Fische Schuppen?

Es sind hauptsächlich Süßwasserfische oder Plattfische, von denen einige Arten keine oder kaum Schuppen haben, z. B. Forellen, Makrelen, Spiegelkarpfen, Aale etc. Und dann noch die Haie, sämtliche Arten.

21 Welche Arten von Fischen gibt es?

Wissenschaftlich unterscheidet man Knorpelfische und Knochenfische. Die häufigsten Arten sind Knochenfische. Zu den Knorpelfischen gehören Haie und Rochen. Insgesamt sind es nur etwa 1000 Knorpel-Fischarten. Dagegen sind alle anderen Fischarten etwa 30000 Knochenfische. Fische sind unter den größeren Tieren die artenreichste Gruppe. Ungefähr die Hälfte aller Fischarten sind Süßwasserfische. Die leicht größere Anzahl der Fischarten sind Meeresfische, die auch als Salzwasserfische bezeichnet werden.

22 Wie viel Fischarten haben wir in Europa?

Unter den Meeresfischen gibt es beispielsweise im Mittelmeer circa 700 Arten. Die meisten der rund 30 Brassenarten im Mittelmeer gehören zu den beliebten Speisefischen. Eine weitere Gruppe sind die rund 40 Makrelenarten. Zu den Makrelen gehören auch die Thunfische. Barben kommen in Südeuropa häufig als frische Meeresfische auf den Teller. Zu den sieben Schwertfischarten gehören auch die Mittelmeer-Speerfische. Man kennt etwa 250 Nordseefischarten und etwa ebenso viele Ostseefischarten. Die Nordsee und die Ostsee sind damit, was Fische betrifft, nicht so artenreich wie das Mittelmeer. Dies soll aber nicht heißen, dass es weniger Fisch gibt. Im kalten Meer leben oft mehr Fische als im warmen Meer. Zu den rund 30 Dorscharten gehört der bekannte Kabeljau, einer der wichtigsten Speisefischarten in Nordeuropa und in Mitteleuropa. Unter den 16 Plattfischarten der Nordsee und Ostsee sind einige bedeutende Speisefische wie die Scholle, der Steinbutt oder die Rotzunge.

23 Was ist die größte Familie unter den Fischarten?

Ungefähr 10000 der etwa 30000 Fischarten der Erde gehören zu der Familie der Barsche. Damit gehören zu den Barschen mehr Arten als es insgesamt an Säugetierarten auf der Welt gibt.

24 Gibt es bei uns Fische, die giftig sind?

Es gibt auch im nördlichen Meer von Europa giftige Fische, beispielsweise das Petermännchen. Giftig sind seine

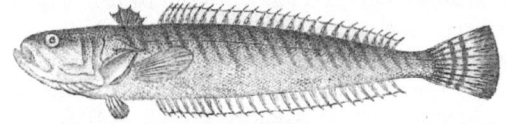

Flossenstacheln in der kleinen Rückenflosse und ein Stachel auf den Kiemendeckeln. Er wird auch Höllen- oder Drachenfisch genannt. Nicht nur das bekannte Aalblut, sondern auch das Blut vieler anderer Fische ist giftig, z. B. Wels, Brasse, Schleie, Zander, Barsch und Kaulbarsch. Bei 50 - 70 Grad - also bei jeder normalen Zubereitung - wird das Fischgift zerstört und völlig wirkungslos.

25 Gibt es auch „elektrische" Fische?

Mit Hilfe eines besonderen Muskels am Kopfansatz kann der Zitterrochen regelrechte elektrische Schläge austeilen. Wirklich gefährlich sind sie jedoch nicht.

26 Was sind anadrome Fische?

Das Verhalten von Fischen, die zum Laichen aus dem Meer ins Süßwasser wandern, nennt man anadrom, z.b. die Meerforelle und der Lachs. Im Gegensatz zu katadromen Fischen, wie der Aal, der vom Süßwasser zum Laichen ins Salzwasser wandert.

27 Wie schwimmen Fische?

Fische schwimmen in erster Linie durch das Zusammenarbeiten von Muskelbänder im gegenseitigen Rhythmus. Ansonsten werden die Flossen zur Stabilisierung und teilweise auch als Antriebe verwendet. Zur Stabilisierung haben viele Fischarten außerdem eine mit einem Gasgemisch gefüllte Schwimmblase.

28 Können Fische rückwärts schwimmen?

Es gibt Fischarten, die rückwärts schwimmen können. Sie sind aber selten. Die Arten, die das können, sind meist aus der Familie der Aale.

29 Gibt es auch Fische, die an Land leben?

Der brasilianische Schmarotzerfisch ist der erste jemals entdeckte an Land lebende Fisch. Er lebt auf Blättern am Ufer. Setzt man ihn ins Wasser, springt er sofort wieder heraus. Es gibt Welsarten in tropischen Gewässern, die zusätzliche, den Lungen ähnliche Atemstrukturen, aufweisen. Wenn bei

Trockenperioden die Gewässer austrocknen, laufen diese Welse auf ihren dornigen Brustflossen.

30 Was sind Edelfische?

Als Edelfische bezeichnet man die Süßwasserfische in unseren Gewässern mit ausgezeichnetem verwertbaren Nahrungswert. Es wird sozusagen die Verwertungsqualität beschrieben. Zu den Edelfischen zählen Forellen, Saiblinge, Hechte, Zander, Karpfen und Aale.

31 Gibt es Fische die fliegen können?

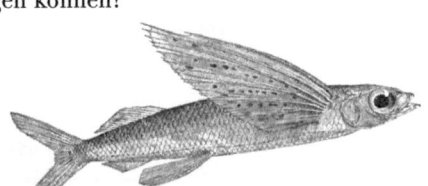

Die so genannten Fliegenden Fische haben zwei übergroße Brustflossen und eine ausgeprägte Schwanzflosse. Damit können sie aus dem Wasser schießen und mit den großen Brustflossen auch über größere Distanzen über das Wasser segeln.

32 Sind Meeresfische stark salzhaltig?

Das Fleisch der meisten Meeresfische enthält nur geringe Mengen an Salz. Die Ausnahme sind Haie, ihr Fleisch ist so salzig wie das Meer selbst.

33 Gibt es auch „mindere" Fischsorten?

Zur minderen Ware gehören Tilapia, Pangasius und Viktoriabarsch. Außerdem Fische mit festem Fleisch - aber ohne viel Geschmack - da sie meist mit Antibiotika überfrachtet sind.

34 Was sind „fette" oder „magere" Fische?

Nährwert und Geschmack der Fische werden nicht unwesentlich von deren Fettgehalt geprägt. Die Unterschiede bei den Speisefischen ist recht groß. Während Seelachs und Kabeljau mit 0,7 und 0,8% Fettgehalt zu den magersten Fischen zählen, stellen Seezunge, Forelle, Felchen sowie Steinbutt mit rund 3% Fettgehalt und der Karpfen mit 5% Fettanteil bereits die Mitte.

Aal und Hering führen die fettreichen Fische mit jeweils 18 bis 25% Fettanteil an. Der Lachs bringt es auf 18 bis 21% Fettgehalt. Auch der Thunfisch, schwarzer Heilbutt, Matjes und Makrele besitzen einen hohen Kaloriengehalt und viel Sättigungsleistung.

35 Welche Fischerzeugnisse gibt es?

Fischerzeugnisse können Fische, Fischteile, Krebs- und Weichtiere sein, die getrocknet, gesalzen, mariniert, geräuchert, gebraten oder gekocht wurden.

Getrocknete Fische lassen sich in ungesalzenen Stockfisch und Klippfisch, der vor dem Trocknen gesalzen wird, unterteilen. Ausgenommen und geköpft liegen die Fische über Nacht in Eiswasser. Danach trocknen sie mehrere Wochen im salzigen Wind. Beim Räuchern gibt es zwei mögliche Verfahren. Entweder

lassen sich die Fische für kurze Zeit bei Temperaturen über 60 Grad räuchern, das so genannte Heißräuchern. Zu diesen Fischprodukten gehören zum Beispiel Bückling oder auch Makrelen. Oder man wendet das Kalträuchern an, bei dem die Fische längere Zeit bei 30 Grad im Rauch liegen. Typische Erzeugnisse sind Räucherlachs oder Lachshering.

Das Salzen lässt die Fische reifen und konserviert das Fleisch.

Beim Nasssalzen, liegen die Fische in einer Lake. Der Salz-
hering gehört zu den bekanntesten Salzfischen. Aber auch
Matjes und Kaviar gehören zu dieser Gruppe.
Marinierte Fische werden mit Essig, Genusssäuren und Salz
gar gemacht. Bekannte Beispiele sind der Bismarckhering
und der Rollmops. Ohne Kühlung kann man Fischdauerkon-

serven aufbewahren, da diese bei mehr als 100 Grad erhitzt
wurden und ein Jahr haltbar sind.

36 Was ist ein „Friedfisch"?

Unter Friedfischen versteht man Fische, die keine anderen
Fische jagen und sich nur von Insektenlarven sowie Schnecken und Würmern am Grund der Gewässer ernähren bzw.
Plankton aus dem Wasser filtern. Im Gegensatz zu Raub-
fischen, die sich von kleineren Fischen ernähren.

37 Können Fische riechen?

Fische schnuppern naturgemäß nicht in der Luft herum. Es lässt sich daher nicht genau zwischen Geruchssinn (die Wahrnehmung flüchtiger, gasförmiger Stoffe) und Geschmackssinn (die Wahrnehmung von gelösten Stoffen) unterscheiden.

Versteht man unter Geruchssinn jedoch die Fernwahrnehmung von Stoffen, so stellt man fest, dass einige von den Unterwasserbewohnern - wie Lachse oder Aale - ein phänomenales Riechvermögen besitzen.

38 Können Fische schlafen?

Wie alle Wirbeltiere müssen auch Fische schlafen, um sich zu regenerieren. Dabei wird der Herzschlag verlangsamt und der Energieverbrauch reduziert. Schlafende Fische sind kaum zu erkennen, denn Fische schlafen mit offenen Augen, da sie keine Augenlider haben.

39 Wann werden Fische geschlechtsreif?

Je nach Lebensraum und Fischart sind sehr unterschiedliche Zeiten festzustellen bis ein Fisch geschlechtsreif wird. Bei vielen Fischen dauert es um die 4 Jahre bis sie zum ersten Mal laichen.

40 Wie pflanzen sich Fische fort?

Bei den meisten Fischarten findet keine Kopulation statt. Die Befruchtung der Eier erfolgt im Wasser. Fische schlüpfen aus Eiern, dem so genannten Laich. Es gibt auch lebendgebärend Fische, aber auch bei ihnen entwickeln sich die Fische aus Eiern, allerdings im Körper des Fisches.

41 Wie unterscheidet man nach Geschlecht?

Bei den meisten Fischarten sind äußerlich kaum Unterschiede zum Geschlecht zu erkennen. Außer, dass oftmals die weiblichen Fische - genannt Rogener - schneller anwachsen als die männlichen - genannt Milchner. Bei manchen Fischarten kann man das Geschlecht durch die Größe der Afterflosse feststellen, bei anderen an der Bauchfarbe und wiederum andere haben in der Laichzeit stark unterschiedliche Färbungen, die man Laichausschlag nennt.

42 Können Fische sehen und Farben unterscheiden?

Optisch können Fische ihre Umgebung nur sehr schlecht wahrnehmen. Die meisten Fische sind anscheinend farbenblind - so ist die Meinung vieler Fachleute. Fische können jedoch Schattierungen der Farben unterscheiden, sowie reflektierendes Licht.
Außerdem verschwinden Farben je nach Wassertiefe: Rot wird bereits ab 10 m Tiefe verschluckt. Orange verschwindet ab 20 m Tiefe. Gelb lässt sich ab 100 m Tiefe und Grün ab 300 m Tiefe nicht mehr erkennen.

43 Sind Fische wirklich sprachlos?

Fische sind sogar total kommunikativ. Sprechen wie wir Menschen tun sie nicht, aber sie quietschen, grunzen und klappern. Mit den Lauten verteidigen Fische ihr Revier. Andere Fische nutzen eine Schwimmblase, einen mit Luft gefüllten Körperteil, um durch Schwingungen Töne zu erzeugen.

44 Welche Funktion hat das Seitenlinienorgan?

Das Seitenlinienorgan - der sechste Sinn der Fische -.liegt direkt unter ihrer Haut und zieht sich vom Kopf bis zur Schwanzspitze an beiden Körperseiten entlang. Mit ihm erspürt der Fisch kleinste Veränderungen in der Wasserströmung. Da jede Bewegung im Wasser Impulse erzeugt, merkt ein Fisch sofort, wenn sich von der Seite ein Feind nähert. Das Seitenlinienorgan ist auch verantwortlich dafür, dass die Fische im Fischschwarm nicht zusammenstoßen.
Raubfische nutzen ihren sechsten Sinn dazu, ihre Beute aufzuspüren. Selbst wenn die Beute regungslos in ihrem Versteck verharrt oder sich in den Sand eingräbt, nützt ihr das

nichts. Ihr Gegner hat längst ihren Herzschlag gespürt - und schwimmt zielsicher auf sie zu.

45 Was und wofür sind Barteln?

Als Barteln oder Bartfäden bezeichnet man die Tastorgane am Kopf bei verschiedenen Fischarten – meistens befinden

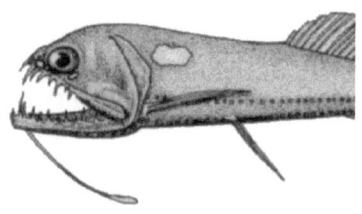

sie sich am Maulwinkel oder unter dem Maul. Mit den Barteln können Fische riechen und tasten. Man kann die Barteln auch zur Artenbestimmung hinzuziehen. Z. B. haben Welse sechs Barteln und der Zwergwels dagegen sogar acht. Ein Schuppenkarpfen hat vier, zwei längere und zwei kürzere Barteln.

46 Wie erkennt man das Alter eines Fisches?

Es werden bevorzugt zwei Methoden zur Bestimmung des Alters von Fischen angewendet. Zum einen erkennt man an den Gehörsteinchen – Ablagerungen in den Hörorganen - das Alter und zum anderen an den Fischschuppen. Aufgrund der unterschiedlichen Fress- und Wachstumsperioden eines Fisches, lassen sich an den abgeschliffenen Gehörsteinchen die Anzahl der Jahre hochrechnen.

Bei den Schuppen muss man eine quer durchschneiden. Jede Schuppe besteht aus Plättchen, die übereinander liegen. Alle Jahre legt sich ein solches Plättchen neu auf. So viele Plättchen wie der Querschnitt der Schuppe mit einem sehr guten Vergrößerungsglas erkennen lässt, so viele Jahre ist der Fisch alt.

47 Wie alt werden Fische?

Die meisten Fischarten leben (je nach Lebensraum) zwischen 10-20 Jahren. Ausnahmen erreichen auch mal 50 Jahre, wiederum andere nur ein paar Wochen. Von chinesischen Karpfen erzählt man, dass sie über 100 Jahre alt werden können. Ein Beweis dafür liegt der Wissenschaft jedoch bisher noch nicht vor.

48 Was hilft den Fischen schnell zu schwimmen?
Unter den Schuppen befinden sich Schleimdrüsen. Das ausgesonderte Sekret schützt vor Bakterien und verringert den Reibungswiderstand im Wasser, so dass Fische schneller schwimmen können.

49 Wofür haben Fische eine Schwimmblase?
Alle Knochenfische haben eine Schwimmblase. Damit können Fische den Auftrieb im Wasser regulieren.

50 Warum „wandern" manche Fische flußaufwärts?
Ein Beispiel dafür ist die Wanderung der Lachse, die zur Fortpflanzung in großen Scharen aus dem Meer in die Oberläufe der Flüsse ziehen, um dort abzulaichen.

51 Wieviel km „Wanderungen" werden zurückgelegt ?
Die Wanderung der Aale gehört zu den größten biologischen Wundern. Die Blankaale (dunkler Rücken, Bauch silbrigweiß) sind im Alter von ca. 12 Jahren geschlechtsreif. Wenn sie ihre Laichwanderung antreten, stellen sie die Nahrungsaufnahme ein. .Bei der Wanderung legen die europäischen Flussaale Entfernungen von mehr als 5000 km zurück. Ziel

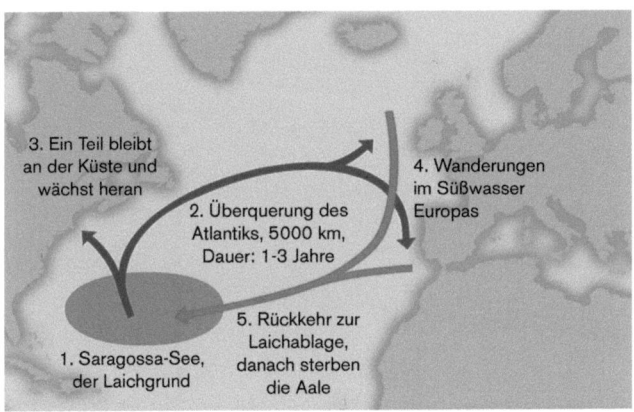

3. Ein Teil bleibt an der Küste und wächst heran

4. Wanderungen im Süßwasser Europas

2. Überquerung des Atlantiks, 5000 km, Dauer: 1-3 Jahre

1. Saragossa-See, der Laichgrund

5. Rückkehr zur Laichablage, danach sterben die Aale

19

ist die Saragossasee, südlich der Bermudainseln. Von da aus schwimmen die aus den Eiern geschlüpften Larven mittels des Golfstroms zurück in europäische Gewässer. Die Reise dauert ca. drei Jahre.

52 Wie ernähren sich Fische?

Die kleinen Tiere des Tierplanktons ernähren sich als pflanzenfressende Tiere von Pflanzenplankton. Sie werden wiederum Opfer der fleischfressenden Fische.

Fische auf dem Meeresgrund und den tiefen Gewässern (Sardinen, Makrelen) fressen auch Plankton, ehe sie selbst von den großen Fleischfressern (z.B. Thunfisch) erbeutet werden.

53 Kauen Fische Ihre Nahrung?

Fische kauen nicht wie wir Menschen. Haie oder unsere heimischen Zander nutzen ihre scharfen Fangzähne nur um die Beute festzuhalten. Die Beute wird dann unzerkleinert und in großen Stücken verschlungen. Bei den meisten Fischarten wäre das Kauen sogar tödlich, da beim Kauen die Sauerstoffaufnahme über die Kiemen stark beeinflusst würde.

Karpfenartige Fische haben so genannte Schlundzähne, mit denen sie die Nahrung zerdrücken.

54 Was sind die Merkmale der Fische?

Fische besitzen einige charakteristische Merkmale, darunter z.B. die Kiemenatmung, Flossen zur Fortbewegung, eine Wirbelsäule und Schuppen als Schutzpanzer. Es gibt Fischarten, die nicht über alle hier aufgelisteten Kennzeichen verfügen.

55 Welche Maulstellungen unterscheidet man bei Fischen?

Es gibt drei unterschiedliche Maulstellungen, die Aufschluss geben über die Art der Nahrungsaufnahme und die bei der Unterscheidung der Fischarten hilfreich sind.

Andere Fische haben wiederum ein vorstülpbares Maul. Diese Fische können ihre Mundöffnung rüsselartig vorstrecken und so ihre Nahrung von Wasserpflanzen oder vom Grund ansaugen. Zu diesen Fischen gehören Karpfen, Karauschen, Brassen und Schleien.

1. Oberständiges Maul:
Wenn der Oberkiefer kürzer als der Unterkiefer ist, spricht man von einer oberständigen Maulstellung. Fische mit dieser Maulstellung nehmen ihre Nahrung überwiegend von der Wasseroberfläche auf. Zu diesen Fischen gehören Rapfen, Stint und Rotfeder.

2. Unterständiges Maul:
Wenn der Unterkiefer kürzer als der Oberkiefer ist, spricht man von einer unterständigen Maulstellung. Fische mit dieser Maulstellung nehmen ihre Nahrung vorwiegend vom Grund auf. Zu ihnen gehören Barbe, Nase und Gründling.

3. Endständiges Maul:
Die meisten Fische haben ein endständiges Maul. Bei dieser Maulstellung sind beide Kiefer gleich lang.
Zu diesen Fischen gehören Karpfen, Karauschen, Schleien und Döbel.

21

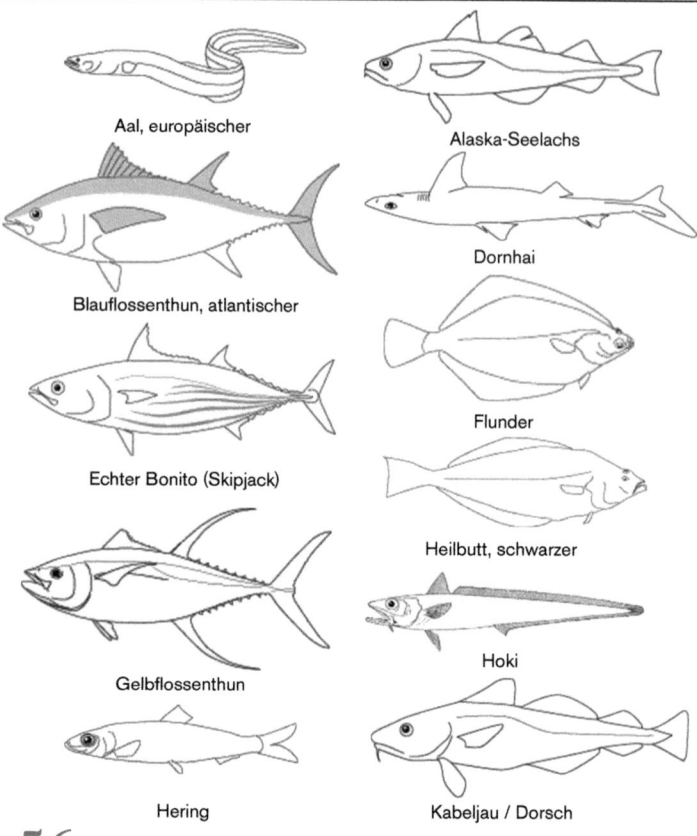

Aal, europäischer

Alaska-Seelachs

Dornhai

Blauflossenthun, atlantischer

Flunder

Echter Bonito (Skipjack)

Heilbutt, schwarzer

Hoki

Gelbflossenthun

Hering

Kabeljau / Dorsch

56 Welche Fischarten gibt es?
Auf den beiden Seiten sieht man die wichtigsten Fischarten
in vereinfachter Abbildung zum besseren Unterscheiden.

57 Welche Körperformen gibt es bei Fischen?
Die voneinander abweichende Körperformen ergeben sich
aus der Anpassung an unterschiedliche Lebensräume.
Fast alle Fische, die in unseren Flüssen leben, besitzen die
Spindel- oder Torpedoform, (Forelle = Spindelform, Hecht =
Pfeil- oder Torpedoform). Sie sind gute Schwimmer.
Die hochrückige Form ist dem Leben zwischen Unterwasser-

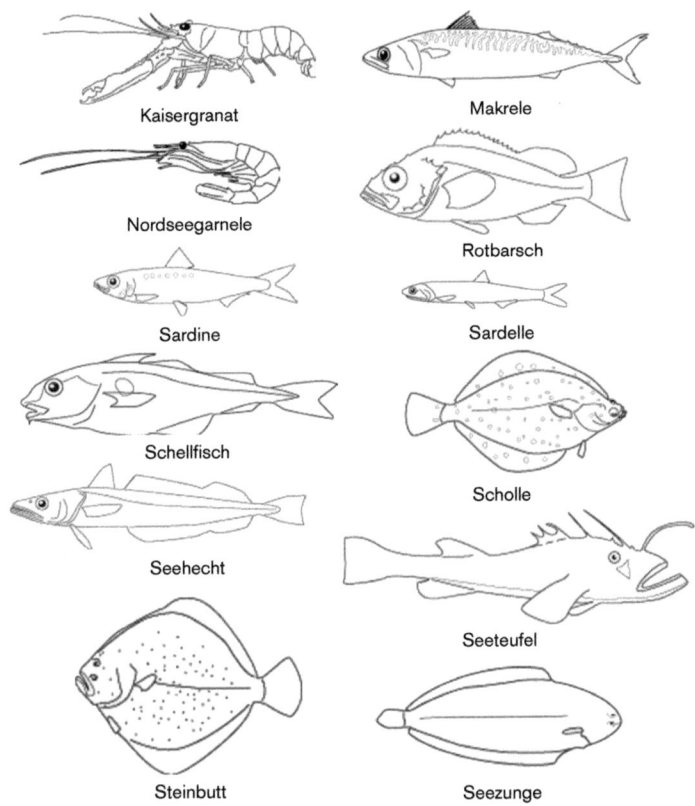

Kaisergranat

Makrele

Nordseegarnele

Rotbarsch

Sardine

Sardelle

Schellfisch

Scholle

Seehecht

Seeteufel

Steinbutt

Seezunge

pflanzen angeglichen. Fische mit dieser Körperform halten sich mit ihren bedächtigen Schwimmbewegungen meist in der Uferregion stehender oder langsam fließender Gewässer auf z. B. Blei und Brachse.

Eine besondere Form haben auch die sich bevorzugt in Bodennähe aufhaltenden Fische. Bei ihnen ist vor allem der Kopf, seltener der Körper, von oben nach unten zusammengedrückt. Gute Beispiele für diese Körperform sind Wels, Quappe und Barbe. Bei der Schlangenform ist die Körperachse stark verlängert. So z.B. bei Aalen und Neunaugen.

23

58 Welche äußeren Merkmale gibt es bei Fischen?

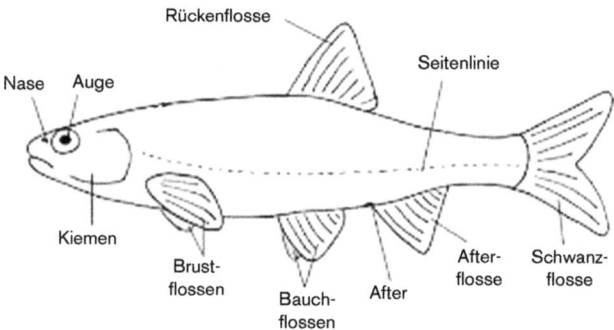

59 Woran unterscheidet man Hummer von Langusten?
Der Unterschied zwischen Hummer und Languste besteht
in Größe und Gewicht des größeren Hummers, sowie seinen
zwei großen Scheren. Die Languste verfügt über ein kleines
Scherenpaar, aber auffällige, bis zu 70 cm lange Antennen

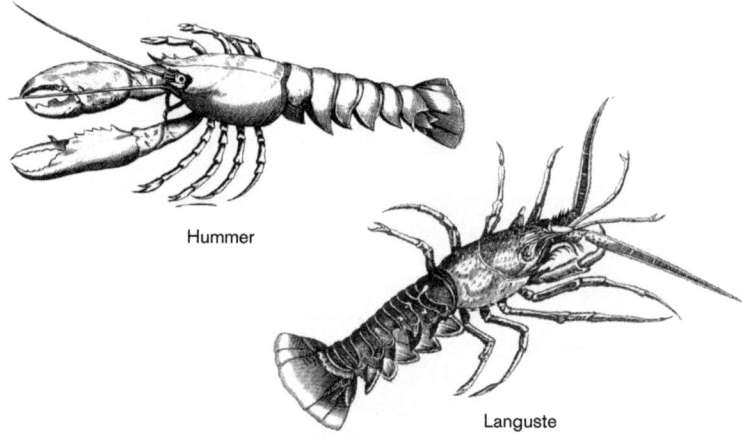

60 Was ist ein Bestand?

Der Begriff „Bestand" ist eigentlich kein biologischer Begriff, sondern kommt aus der Fischereiwirtschaft. Als Bestand bezeichnet man geografisch abtrennbare Gruppen einer Art, die man getrennt befischt und managt.

61 Was bedeutet der Bestand ist „überfischt" oder „erschöpft"?

Überfischt ist ein Bestand dann, wenn mehr gefischt, und damit mehr aus dem Meer entnommen wird, als „nachwachsen" kann. Wenn Überfischung lange anhält, schrumpft der Bestand, bis immer weniger Fische übrig sind. Eines Tages lohnt es sich wirtschaftlich nicht mehr, diese Art weiter zu befischen, weil nur noch so wenig Fische ins Netz kommen, dass die Kosten für das Fischen größer sind als der Gewinn. Dann bezeichnet man den Bestand als erschöpft.

62 Was heißt es, wenn der Bestand sich unter dem Vorsorgewert/Grenzwert befindet?

Für einige Bestände haben Wissenschaftler Vorsorge- und Grenzwerte festgelegt. Der Grenzwert gibt an, unter welche Größe der Bestand auf keinen Fall sinken sollte. Da unter diesem Wert, seine Fortpflanzungsfähigkeit eingeschränkt ist. Es ist sehr schwierig die tatsächliche Größe eines Bestandes zu schätzen, deshalb legt man Vorsorgewerte fest, die gegenüber den Grenzwerten einen „Puffer" beinhalten.

63 Wie wird ein Bestand gemanagt?

Die meisten Staaten haben Regelungen und Gesetze, um die Überfischung eines Bestandes zu verhindern oder um Beifang zu vermeiden. In Europa übernimmt die EU das Management der Fischbestände. Ein häufig eingesetztes Instrument des Managements sind Höchstfangmengen. Sie legen die Menge an Fisch einer Art fest, die höchstens mit an Land gebracht werden darf. Eine weitere Methode zur Regulierung der Fischerei sind Aufwandsbegrenzungen. Die Zeit auf See wird begrenzt, um den Fischern weniger Gelegenheit zum Fang zu geben, so dass am Ende weniger gefangen wird. Technische Maßnahmen zur Regulierung der Fischerei sind z. B. Vorschriften zu Art und Einsatz der Fanggeräte. So werden Maschenweiten der Netze festgelegt, um zu verhindern, dass zu viele junge Fische gefangen werden.

64 Warum gibt es in Aquakulturen Schwarmbildungen?
Bei Fischen in der Aquakultur handelt es sich um heranwachsende Tiere. Auch in der Natur suchen junge Tiere instinktiv die Nähe ihrer Artgenossen. Sie leben daher meist in Schwärmen, das sind dichte Verbände, die manchmal aus vielen tausend Tieren bestehen. Die Schwarmbildung gehört also zum natürlichen Verhalten der Fische.

65 Warum ist die Schwarmbildung problematisch??
Vor allem bei starker Fütterung verbrauchen viele Fische

auf engem Raum viel Sauerstoff und produzieren viele Ausscheidungen. Der Fischzüchter muss daher für genug Sauerstoff und eine gute Durchströmung sorgen. Werden diese Grundbedingungen eingehalten, ist selbst eine sehr dichte Fischhaltung in der Aquakultur nicht problematisch.

66 Was bedeutet illegale Fischerei?

Wenn Fische ohne Lizenz zu haben gefangen werden oder mehr gefischt wird als erlaubt ist, oder wenn in Gebieten oder zu Zeiten gefischt wird, in und an denen es untersagt ist, nennt man das illegale Fischerei.

67 Was ist Beifang?

Ein Fischer holt nie nur die Fische aus dem Meer, die er eigentlich haben wollte, sondern hat auch immer andere Arten im Netz. Vieles wirft er wieder über Bord, zum größten Teil sterbend oder tot. Zum Großteil entspricht dieses Verhalten den gesetzlichen Vorschriften.

68 Welche Fangmethoden gibt es?

Es gibt viele verschiedene Fangmethoden, mit deutlich unterschiedlichen Einflüssen auf das Ökosystem. Im Folgenden werden die gängigsten Fangmethoden einzeln vorgestellt.

PELAGISCHES SCHLEPPNETZ
Zielarten: Schwarmfische wie Makrele, Sprotte/Sardine und Hering
Die intensive Befischung des Meeresbereiches zwischen Boden und Oberfläche (Pelagial) wurde erst in den 60er Jahren durch die Einführung der so genannten pelagischen Schleppnetze möglich. Diese Netze haben eine Tütenform und werden am Ende durch eine Tasche, in der sich die Fische sammeln, geschlossen. Diese Art wird vor allem beim Heringsfang eingesetzt. Die Netzöffnung kann dabei bis zu 23.000 Quadratmeter groß sein. Bei diesen Ausmaßen passen 12 Jumbojets in den Rachen des Netzes.
Eine Netzfüllung kann bis zu 500 Tonnen Fisch liefern, einschließlich riesiger Mengen an Beifang.

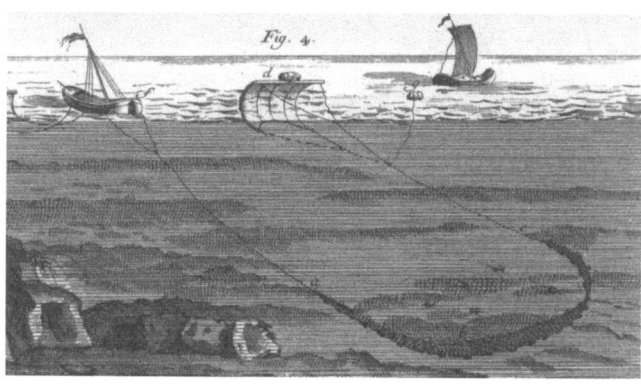

GRUNDSCHLEPPNETZ
Zielarten: z. B. Kabeljau, Seehecht, Garnelen, Leng- und Plattfische wie Scholle und Seezunge.
Grundschleppnetze gleichen in der Form pelagischen Schleppnetzen, sind aber kürzer, Ein Grundtau mit Gewichten beschwert die Unterseite und hält das Netz am Boden. Die Ketten oder Metallkugeln an der Netzunterseite scheuchen dabei auf dem Grund lebende Fische und Garnelen auf, die dann im Netz landen. Der Meeresboden wird bei dieser Fangmethode brutal durchwühlt und hinterlässt tiefe Furchen. Ganze Ökosysteme, wie zum Beispiel Korallenriffe, werden vollständig zerstört.

Fig. 3.

DREDGE
Zielarten: Muscheln und Schalentiere
Die Dredge ist aus einem stabilen dreieckigen Stahlrahmen und einer zahnbewehrten Stange, hinter der eine Matte aus miteinander verbundenen Stahlringen angebracht ist. In einem schweren Netz, das an den Seiten und am Ende der Matte befestigt ist, sammelt sich der Fang. Schalentiere werden so aus dem Boden geharkt und in das Netz gespült.
Durch die Dredgen wird der Lebensraum Meeresboden umgepflügt. Viele verschiedene Arten von Meeresbewohnern werden zermalmt oder verfangen sich in den Netzen. Selbst eher unempfindliche Meeresgründe können sich davon oft nicht erholen, da sie unter der regelmäßigen Befischung mit Dredgen leiden.

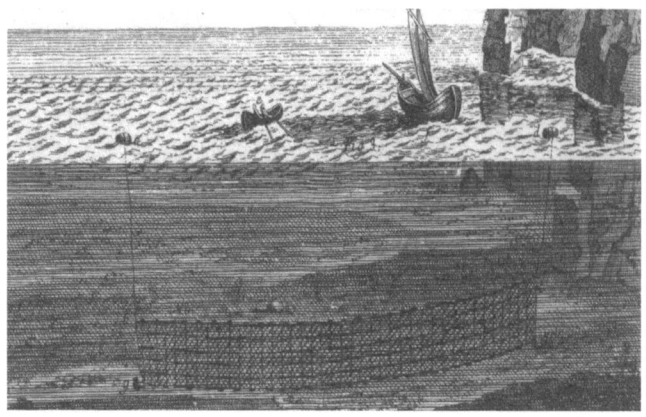

KIEMENNETZ

Zielarten: Süßwasserfische wie z. B. Zander und Meeresfische wie z. B. Lachs, Schellfisch, Seezunge, Sardinen, Makrele, Kabeljau, Heringe.

Kiemennetze sind rechteckige, senkrecht im Wasser hängende Netze, in deren feinen Maschen sich die Fische mit ihren Kiemendeckeln verhaken. An der Oberkante des Kiemennetzes sind Schwimmer befestigt, die Unterkante ist mit Gewichten beschwert.

Stellnetze gehören zu den selektiveren Fangmethoden, das heißt sie fangen hauptsächlich die Zielart und haben wenig Beifang. Zudem gibt es fast keine physische Zerstörung des Lebensraumes.

Treibnetze sind riesige unverankerte Kiemennetze, die gemäß ihrem Namen durch die Meere treiben. Da sich in den Netzen nicht nur Fische sondern auch Wale und andere Tiere verfangen, werden die oft kilometerlangen Netze auch Wände des Todes genannt.

Zwar ist für die Treibnetzfischerei bereits 1992 ein weltweites Verbot der Vereinten Nationen (UN) in Kraft getreten, doch illegal findet sie bis heute statt. Des Weiteren erlaubt die EU seit 2006 die Verwendung so genannter Schwebenetze, das heißt unbefestigter Stellnetze im Mittelmeer, und hat so per Verordnung das Verbot der Treibnetzfischerei letztlich wieder umgangen.

RINGWADEN
Zielarten: Schwarmfische wie Hering, Sardine, Makrele oder
Thunfisch (Skipjack)
Die Ringwade ist ein Netz, das ringförmig um einen Fischschwarm ausgelegt wird, der zuvor mit dem Echolot aufge-
spürt wurde. Ist der Fischschwarm eingekreist, kann das Netz
unten mit einer durch Ringe laufenden Schnürleine zugezo-
gen werden. Danach wird der Netzinhalt mit Saugpumpen
an Bord transportiert. In der Hochseefischerei können die
Netze bis zu 2.000 Meter lang und 200 Meter hoch sein.

ANGELN
Zielarten: Pelagiale Fischarten wie Thunfisch, aber auch
am Meeresboden lebende Fische wie Kabeljau und Tintenfische.
Unter dem Begriff Angeln versteht man verschiedene Fang-
methoden, bei denen im Gegensatz zur Langleinenfischerei
kurze Leinen verwendet werden, die mit Haken versehen
sind. Die Haken können mit natürlichen oder künstlichen
Ködern zum Anlocken der Zielarten bestückt sein.
Die Fangtechnik mit Rute und Leine wird vor allem für den
Skipjack-Fang eingesetzt. Bei dieser Fangmethode wird der
Thunfisch von mehreren Fischern am Heck eines Fangschif-
fes lebend und fast sortenrein an Deck geholt.
Mit Ködern bestückte Schleppangeln wiederum werden von

einem fahrenden Boot aus nahe der Wasseroberfläche oder in einer bestimmten Tiefe gezogen. Dabei werden meist mehrere Leinen gleichzeitig geschleppt. Schleppangeln ist von verschiedenen Bootstypen aus möglich - vom kleinen Kanu bis zum großen Motorschiff. Schleppangeln werden normalerweise für den Fang von Thunfischen und Schwertfischen eingesetzt.

FISCHFALLEN - KÖRBE & REUSEN

Zielarten: Hummer, Garnelen, Krabben, Tintenfische und verschiedene Grundfische

Die Fischerei mit Fischfallen, Korb- und anderen Reusen zählt, anders als etwa die Schleppnetzfischerei oder die Fischerei mit Dredgen, zu den passiveren und zugleich schonendsten Fangmethoden. Ist der Fisch erst einmal in die Reuse geschwommen, kann er nicht mehr hinaus. Ein Entkommen ist nur dann möglich, wenn das Tier nicht die angestrebte Fanggröße hat und die Reuse über eine Fluchtöffnung verfügt.

69 Was bezeichnet man als „frischen Fisch"?

Das deutsche Lebensmittelrecht legt den Begriff der „Frische" nicht zeitlich fest, als „frisch" wird jeder unbehandelte Fisch bezeichnet, der in schmelzendem Eisschnee oder bei Temperaturen zwischen null Grad Celsius und zwei Grad Celsius gelagert wird. Dies kann auf einem Fangschiff bis zu 14 Tagen andauern.

70 Woran erkennt man frischen Fisch?

Am einfachsten ist frischer Fisch an seinen Augen zu erkennen: Sie sollten klar und prall sein. Trübe, milchige oder eingefallene Augen sind Hinweise für einen zu alten Fisch. Die Kiemen sollten anliegend und frisch hellrot leuchten. Der Geruch lässt sich gut in der Bauchhöhle oder am Kiemendeckel feststellen und der Frisch sollte nach Meer riechen.

71 Wie sieht einwandfreier Tiefkühlfisch aus?

Es darf sich kein „Schnee" in der Verpackung befinden und der Fisch keinen Gefrierbrand (weiße, trockene Flecken) aufweisen. Dies ist ein Zeichen, dass die Kühlkette unterbrochen wurde und der Fisch evtl. verdorben ist.

72 Wann sollte man Fisch kaufen?

Man kauft frischen Fisch nicht auf Vorrat. Der beste Tag zum Einkauf von Frischfisch ist der Tag, an dem man ihn auch zubereiten will. Frische Fische sollte man nicht länger als einen Tag im Kühlschrank aufbewahren.

73 Was sind die Qualitätsmerkmale für geräucherten Fisch und Meeresfrüchte?

Alter geräucherter Fisch hat trockene Ränder, graue Flecken oder einen schmieriger Belag. Auch bei den Meeresfrüchten bestimmt der Duft die Frische. Muscheln müssen eine

geschlossene Schale haben oder wenn sie berührt werden sich zusammenziehen. Beim Kochen müssen sich die Schalen allerdings öffnen. Niemals geschlossene Muscheln gewaltsam öffnen und essen!

74 Woran erkenne ich, ob ein Fischfilet frisch ist?
Frische Ware hat eine glänzende Oberfläche, und das Fischfleisch wirkt saftig. Außerdem sollte der Fisch in der Theke auf viel Eis liegen. Finger weg von Filets mit angetrockneten Rändern oder Verfärbungen. Filets zu Hause aus der Verpackung nehmen, auf einer umgedrehten Untertasse in einer Schüssel im Kühlschrank lagern und innerhalb eines Tages verbrauchen.

75 Wie lange ist Fisch nach dem Fang unterwegs?
Fisch, der z.B. in Norden Norwegens küstennah gefangen wurde, kann schon nach etwa drei bis sechs Tagen bei einem Händler in München angeliefert werden.

76 Welchen Fisch kann man bedenkenlos kaufen?
Ökologisch unbedenklicher Fischfang wird immer wichtiger, damit es weder zur Überfischung, noch zur Zerstörung des Meeresbodens kommt. Knapp die Hälfte der Speisefische stammen mittlerweile aus Aquakulturen, um die Wildbestände zu schonen. Verbraucher, die Wert auf den Schutz der Umwelt legen, sollten auf Gütesiegel achten.
Welche Fischarten man bedenkenlos kaufen kann, erfährt man beim Einkaufsratgeber des WWF Deutschlands.

77 Welche Gütesiegel gibt es?

Das <u>MSC-Siegel</u>: MSC bedeutet „Marine Stewardship Council". Anhand von bestimmten Kriterien wird vom MSC die Nachhaltigkeit der Fischerei geprüft. Z. B. ob das Management bestandserhaltend ist und die ökologischen Auswirkungen minimiert werden. Produkte, aus MSC-zertifizerten Fischereien dürfen das blaue MSC-Logo führen.

Das Aquaculture Stewardship Council (ASC)- Siegel: Das türkisfarbene ASC-Siegel ist das entsprechende Gegenstück für Aquakulturen-Fisch. So muss sich der Standort der Aquakultur für die jeweiligen Zuchtfische eignen. Die Wasserqualität muss eingehalten und Antibiotika dürfen nur an erkrankte Tiere verabreicht werden.

Das <u>Naturland Aquakultur-Siegel</u>: Der Bio-Anbauverband Naturland vergibt ein Siegel für Produkte aus ökologischer Aquakultur. Zu den Richtlinien der Naturland-Aquakultur gehört, dass die Betriebe nur Fischmehl verwenden, das aus der Verarbeitung von Speisefischen stammt. Vorgeschrieben

sind zudem der Verzicht auf Gentechnik und Hormone. Der Öko-Anbauverband Naturland vergibt auch für nachhaltig gefangenen Wildfisch ein Siegel.

Das <u>Bioland-Siegel</u>: Seit Juni 2009 gibt es zudem EU-weite Richtlinien für Bio-Aquakulturen. Das Fischfutter muss aus ökologischem Anbau sein, kann aber durch Fischfutter ergänzt werden, das aus nachhaltig betriebener Fischerei stammen muss.

Das Geschützte Geographische Angabe Siegel: In Deutschland dürfen z. B. der Glückstädter Matjes oder die Schwarzwaldforelle das blaugelbe EU-Herkunftssiegel haben. Es zeigt an, dass mindestens eine der Produktionsstufen – Erzeugung, Verarbeitung oder Herstellung – im Herkunftsgebiet durchlaufen wurde.

78 Welche Angaben müssen gemacht werden?
Die Handelsbezeichnung der Fisch-, Krebs oder Weichtierart; die Produktionsmethode; das Gebiet, in dem das Erzeugnis gefangen oder in Aquakultur gewonnen wurde; der wissenschaftliche Name; ggf. ein Auftauhinweis (Tiefkühlprodukte, die vor dem Verkauf aufgetaut wurden, müssen mit dem Hinweis „aufgetaut" versehen sein).

79 An wen dürfen lebende Fische verkauft werden?
Lebende Speisefische dürfen in Deutschland seit 1993 nur noch an Wiederverkäufer und Gaststätten geliefert werden. Früher war es in manchen Haushalten Brauch lebende Fische in der Badewanne zu halten, bevor sie frisch zubereitet wurden (z. B. Karpfen Blau zu Weihnachten als Festtagsspeise).

80 Welchen Kaviarsorten gibt es?
Die teuersten Fischeier liefert der Stör, dessen nach Größe geordnete Sorten Sevruga, Osietra und Beluga wegen der Wilderei selbst in Russland kaum noch zu bekommen, geschweige denn zu bezahlen sind. Preiswertere Varianten stammen aus der Zucht. Als Alternative bietet sich Keta-Kaviar, der rote Kaviar, an. Wie der Name schon sagt, stammt er vom Keta-Lachs.

81 Wann sollte man Austern kaufen?
Die Saison der Austern ist in den Monaten, die ein „r" im Namen tragen, von September bis April. Im Sommer - der Laichzeit der Austern - schmecken sie nicht so gut.

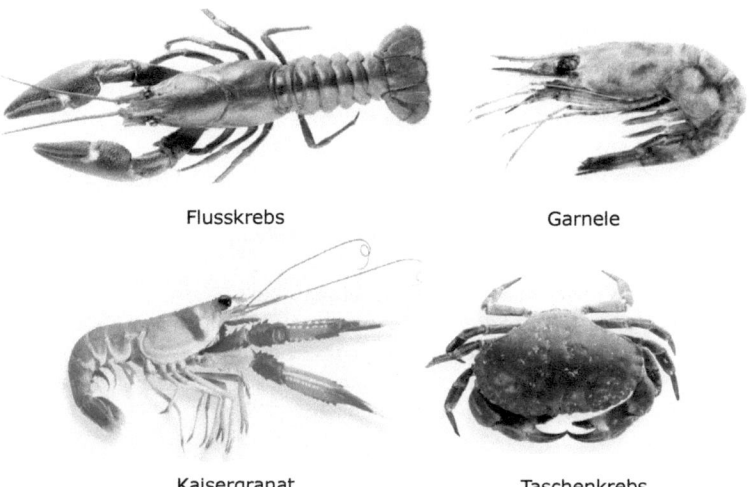

Flusskrebs   Garnele

Kaisergranat   Taschenkrebs

82 Was ist der Unterschied zwischen Krebsen,
Garnelen, Krabben und Scampi?
Flusskrebse leben im Gegensatz zum Hummer im Süßwasser. Garnelen sind Krebstiere, die fälschlicherweise auch
als Krabben (Nordsee-, Grönlandkrabben) bezeichnet werden. Die Bezeichnung „Krabbe" ist zoologisch den kurz-
schwanzigen Krebsen (Taschenkrebs) vorbehalten
Als Scampi darf nur der Kaisergranat bezeichnet werden. Er
ist deutlich teurer als Garnelen. Dadurch, dass er ähnlich
aussieht, werden leider oft Garnelen an Stelle von Scampi
serviert. Scampi gehören zur Hummerfamilie und besitzen
wie ihre großen Verwandten Scheren. Die Greifwerkzeuge
der Garnelen sind hingegen so klein, dass man sie kaum
erkennen kann, Außerdem geben die Schwanzspitzen einen
Hinweis: bei Garnelen laufen sie schmal zu, bei Scampi sind
sie schmetterlingsförmig.

83 Gibt es zu Garnelen verschiedene Begriffe?
Garnelen werden im Handel oft unter dem englischen Begriff „Shrimps" oder bei größeren Exemplaren als „Prawns"
angeboten. Die Bezeichnung „Pazifikgarnelen" bezieht sich

auf unterschiedliche, zum Teil auch im Indischen Ozean beheimatete Arten, wie zum Beispiel „Black Tiger Prawns". Die großen „Party-Gambas" und „Riesengarnelen" (span. Handelsbezeichnung „Gambas", engl. „Kingprawns") sind meist aus indonesischer oder thailändischer Zucht.
Nordseegarnelen stammen aus der Nord- und Ostsee. Sie werden fälschlicherweise als „Nordseekrabben", manchmal auch als „Krevetten" oder „Graue Krabben" angeboten.

84 Wieviel Fisch sollte man einkaufen?

Als Faustregel für den Fischeinkauf gilt: 200 Gramm Fischfleisch pro Person. Bei Muscheln und Schnecken, muss man das Gewicht der Schalen bedenken. Ein Kilo Miesmuscheln bringt ungefähr 200 Gramm Fleisch.

86 Was ist Bottarga?

Die französische und italienische Delikatesse ist getrockneter Fischrogen von der Meeräsche: Der Bottarga wird samt Dottersack gepresst, getrocknet und mit einer dünnen Wachsschicht überzogen. Bottarga wird meist auf ein Pastagericht geschabt.

87 Wie lang kann man Fisch tiefgekühlt aufbewahren?
Fette Fische sollten nicht länger als zwei Monate, magere Fische nicht länger als fünf Monate tiefgekühlt aufbewahrt werden.

88 Welche Fische eignen sich gut zum Einfrieren?
Es sind vor allem die mageren Kaltwasserarten (z. B. Seelachs, Schellfisch und Alaska-Seelachs), denen es am besten bekommt, wenn sie eingefroren werden. Auch Hummer und Tintenfisch können gut „auf's Eis" gelegt werden. Wichtig ist, dass die Tiere gereinigt in die Gefriertruhe kommen.

89 Wie sollte man Fisch zum Einfrieren verpacken?
Die Verpackung ist sehr wichtig. Sie schützt vor dem Eindringen von Sauerstoff, der die Abbauprozesse beschleunigt. Eine gute Verpackung verhindert auch, dass es zum Gefrierbrand kommt. Gefrierbeutel aus Plastik sind ideal, sie nehmen wenig Platz ein und man kann den Inhalt erkennen. Sehr sicher ist das Verschweißen der Beutelöffnung. Dabei sollte vorher die Luft aus dem Beutel gesaugt werden.

90 Wie auftauen?
Rohe Fische sollten man im Kühlschrank auftauen. Abtropfschale nicht vergessen! Wird der Fisch zu schnell aufgetaut, verliert er zu viel Saft und schmeckt trocken und fad. Bei ganzen Fischen darauf achten, dass sie vollständig aufgetaut sind, bevor sie gegart werden (Ein Fisch von 800 bis 1000 Gramm benötigt dafür um die 12 Stunden).

91 Wieviele Gräten haben die einheimischen Fische?
Fische mit vielen Gräten sind: Brassen, Hechte, Karpfen. Fische mit weniger Gräten sind Regenbogenforellen, Zander und Barsch.

92 Welche Sushi-Typen gibt es?

Sushi ist ein japanisches Gericht aus erkaltetem, gesäuertem Reis, ergänzt um weitere Zutaten wie rohen oder geräucherten Fisch und rohen Meeresfrüchten.

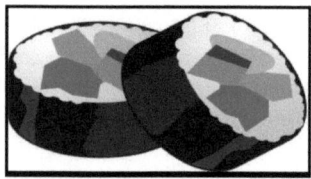

Maki: in einer Hülle aus Algenblättern (Nori) wird Reis mit Gemüse oder Fisch variiert. Oft werden Gurke, Avocado, Möhre oder Krebsfleischimitat verwendet. Kenner unterscheiden zwischen den dünnen Hosomaki, die eine Zutat im Inneren haben, und den reichhaltigeren Futo-Maki, die mehr Reis und bis zu drei Zutaten bieten.

Ura Maki: sind spezielle Maki, bei denen die Reisrolle außen verläuft und mit Sesamkörnern oder Fischeiern dekoriert wird. Das Algenblatt liegt hier innen und wird meist mit zwei bis drei Zutaten aus Fisch und Gemüse kombiniert. In Europa sind sie besonders beliebt, in Japan dagegen weniger bekannt.

Nigiri: eine der Ursprungsformen des Sushi – oben ein Stück roher Fisch von fünf bis sieben Zentimeter Länge, unten ein längliches Reiskissen, dazwischen oft ein Hauch scharfen Meerrettichs.

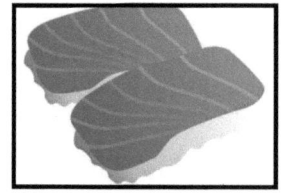

Sashimi: Roher, in breite und gerade Scheiben geschnittener Fisch. Wird ohne Reis und Algen verzehrt. Lachs, Thunfisch und Steinbutt bieten sich an. Ist bei uns ausschließlich im Restaurant zu finden.

Temaki: Gefüllte Tüte aus einem Noriblatt, das extra geröstet wird. Temaki kam erst in den 1980ern auf. Fisch, Omelett und Gemüse werden in dünne Scheiben geschnitten und mit Reis in die Tüte gerollt.

93 Was versteht man unter Speisefisch?

Als Speisefisch werden Fischarten bezeichnet, die zum menschlichen Verzehr geeignet sind. Man unterscheidet zwischen Süßwasserfisch und Seefisch. Einige Fischarten kommen sowohl in Salz- als auch in Süßwasser vor, so der Aal und der Lachs.

94 Was versteht man unter „Panfisch"?

Ein „panfish" ist im Englischen ein Fisch, der eine geeignete Größe besitzt, um in einer Pfanne zubereitet zu werden, egal ob es sich um einen Raubfisch, Weißfisch, Meeres- oder Süßwasserfisch handelt.

95 Wie können Speisefische zubereitet werden?

Durch Pochieren, Kochen (als Fischsuppe), Braten, Backen, Grillen, Frittieren oder Garen in einer Salzkruste. Einige Arten (meist Meeresfische) können, wenn sie ganz frisch sind, roh zu Sushi oder Sashimi verarbeitet werden.

96 Wie viel Kalorien hat Fisch??

Es gibt sehr fettreichen Fisch wie Lachs, Hering oder Makrele und sehr fettarmen Fisch wie Dorsch, Heilbutt oder Scholle. Grundsätzlich ist jeder Fisch, egal ob fettreich oder fettarm sehr gesund. Hier einige Kalorienangaben für verschiedene Fischsorten pro 150 Gramm: Dorade: 207 Kalorien, Forelle: 155 Kalorien, Hering: 350 Kalorien.

97 Was ist beim Grillen von Fischfilets zu beachten?

Empfindliche Filets, die leicht zerfallen, werden in einem geschlossenen Stück Alufolie am Besten gegrillt. Bei dieser Methode kann man auch noch etwas Wein oder Fischfond dazugießen, damit der Fisch besonders saftig wird.

98 Was ist beim Grillen von Fisch zu beachten?

Die oberste Fisch-Grillregel: Für die Zubereitung von Fisch muss der Rost in größerem Abstand über der Glut als üblich hängen. Kleine und mittelgroße Fische sind besonders einfach in der Zubereitung, denn sie können im Ganzen auf den

Rost gelegt werden. Wichtig ist nur, dass sowohl der Fisch
- geschuppt und ausgenommen - als auch der Rost gut ein-
geölt sind. So kann die Haut nicht am Rost kleben bleiben.
Eine praktische Hilfe bieten spezielle Grillkörbe oder Fisch-
zangen zum Einspannen der Fische, damit sie beim Wenden
nicht zerfallen.

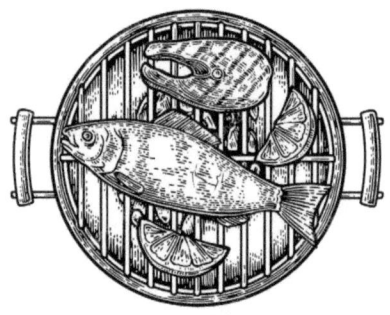

99 Welcher Fisch eignet sich zum Grillen?

Grilltauglich sind eigentlich alle Fischarten, wobei sich fest-
fleischige und fettreiche besonders gut eignen. Hier eine
Auswahl: Heringe, Sardinen, Makrelen, Schwertfisch, Forel-
le, Lachs, Aal, Rotbarsch, Heilbutt, Thunfisch, Dorade und
Wolfsbarsch. Ebenfalls zu leckeren Delikatessen auf dem
Grill können Tintenfische, Garnelen und Scampi werden.

100 Ist der Verzehr von Fisch wirklich so gesund?

Ölreiche Fischarten wie Lachs, Hering und Makrele enthal-
ten Omega-3-Fettsäuren mit einer nachweislich gesundheits-
fördernden Wirkung – sie schützen zum Beispiel vor Herzer-
krankungen, hohem Blutdruck, Nierenfunktionsstörungen
und Autoimmun-Krankheiten. Fisch enthält eine Fülle
wichtiger Vitamine mehr als jedes andere Nahrungsmittel.
Er enthält so viele Vitamine, dass bereits eine Portion Seefisch den Tagesbedarf eines Menschen deckt . Außerdem ist
das Fleisch des Fisches leicht verdaulich. Ernährungs- und
Medizinwissenschaftler können die belebenden Wirkungen
von Fisch detailliert nachweisen und erklären.

Wie man Fisch küchenferig macht

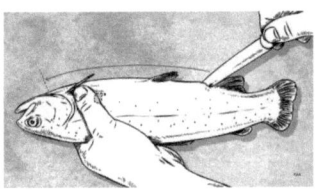

Jetzt am Kiemenansatz zupacken und die Innereien inklusive der Kiemen in Richtung Kopf herausziehen. Bei größeren Fischen kann man mit einer Küchenschere den Ansatz der Kiemenbögen durchschneiden.

1 Im ersten Schritt hält man den Fisch mit dem Bauch nach oben und sticht in einem flachen Winkel das Messer nicht zu tief in das Waidloch (vor der Afterflosse) ein. Nun führt man das Messer bis zum Ansatz der Kiemendeckel. Der Schnitt sollte nur ganz knapp bis unter die Bauch-decke reichen. Sonst besteht die Gefahr, die Galle zu verletzen, was zur Geschmacksbeeinträchtigung des Fleisches führt.

4 Auf der Wirbelsäule befindet sich unter einem dünnen Häutchen die Niere des Fisches. Diese lässt sich mit dem Fingernagel oder einem schmalen Löffel gut in Richtung Kopf herauskratzen. Ist das Häutchen sehr fest, schneidet man es vorher mit dem Messer der Länge nach ein.

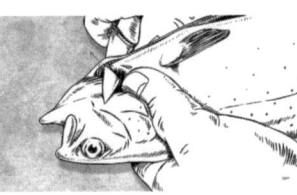

2 Am Ende des Schnittes durch-trennt man die Kehle auf Höhe der Kiemenbögen.

5 Bei Forellen und einigen anderen Fischen verbleiben zwischen den Wirbeln oft noch Rückstände der Nieren. Diese lassen sich prima mit Hilfe einer alten Zahnbürste entfernen. Anschließend den Fisch gründlich abspülen – fertig!

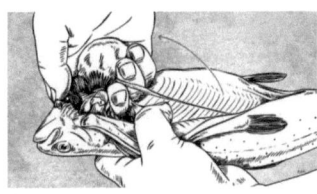

3 Die Bauchlappen leicht nach außen drücken und die Innereien vorsichtig aus dem Bauchraum lösen.

TIPP: Gallenflüssigkeit ist bitter. Falls das Organ beim Schneiden verletzt wird, schnell den Fisch mit reichlich Wasser spülen.

Wie man Fisch richtig filetiert

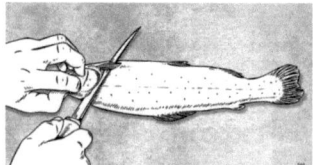

1 Man legt den ausgenommenen Fang auf eine ebene Unterlage. Nun macht man einen leicht schrägen Schnitt direkt hinter dem Kiemendeckel bis auf die Wirbelsäule.

4 Das Filet etwas anheben und mit leicht ziehenden Schnitten (flach auf den Bauchgräten) das letzte Stück in Richtung Bauch ablösen.

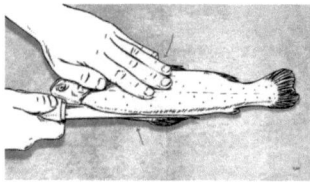

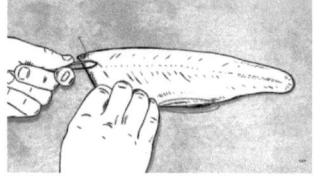

2 Den Fisch mit der flachen Hand leicht andrücken und vorsichtig den Rücken bis auf die Wirbelsäule einschneiden. Der Schnitt sollte mindestens die gleiche Länge wie der Bauchschnitt haben – also etwa bis zum Waidloch reichen.

5 Wenn man das Filet absolut grätenfrei haben möchtest, kann man mit einer Pinzette noch die über der Bauchhöhle sitzenden Fleischgräten ziehen und die Bauchflosse mit einem bogenförmigen Schnitt heraustrennen.

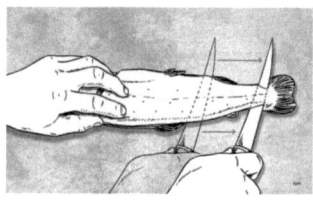

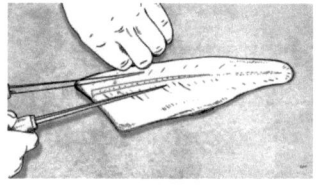

3 Den Fisch mit einer Hand gut fixieren und das Messer etwa auf Höhe des Waidloches durchstechen. Vorsichtig den Schnitt mit leichtem Druck auf der Wirbelsäule weiterführen.

6 Bei größeren Fischen lassen sich die Gräten einfacher mit einem V-Schnitt eliminieren. Hierbei entfernt man mit zwei schmalen, keilförmigen Schnitten bis auf die Hautseite den ganzen Bereich entlang der Fleischgräten. Den V-Schnitt möglichst schmal. machen.

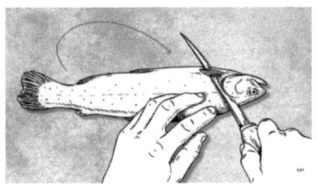

schneidet man den Fisch etwa auf Höhe der Brustflosse bis auf die Mittelgräte ein. Die Mittelgräte dabei nicht durchtrennen, sonst erwischt man eventuell schon die Eingeweide.

7 Jetzt folgt die zweite Seite: Den Fisch umdrehen und dann alle gezeigten Schritte einfach wiederholen. Da der Fisch vor allem im Kopfbereich nicht mehr wirklich gut aufliegt, hilft es ihn beim Schneiden mit der freien Hand etwas fester auf die Unterlage zu drücken.

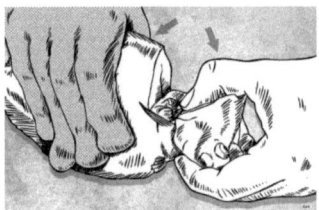

2 Mit dem Daumen nun in den Schnitt greifen, den Kopf festhalten und nach unten knicken, um die Mittelgräte zu brechen. Dann den Kopf einfach abreißen.

3 Beim Abreißen des Kopfes zieht man gleich die Eingeweide komplett aus dem Plattfisch.

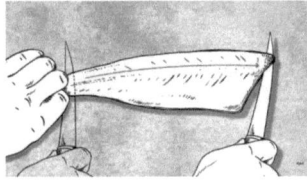

8 Fischhaut kann man leicht entfernen. Man macht dicht am Schwanzende einen Schnitt von der Fleischseite bis auf die Haut durch. Nun kippt man das Messer etwas Richtung Kopfende des Filets und führt den Schnitt auf der Haut vorsichtig fort.

Wie Plattfisch ausnehmen?

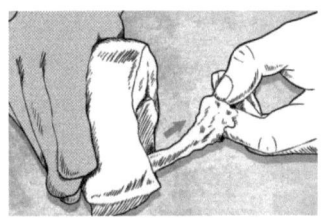

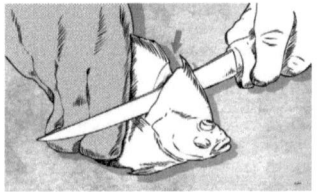

1 Man hält den Plattfisch hochkant mit der Bauchseite nach unten. Nun

4 Lediglich die Rogen- oder Milchstränge befinden sich jetzt noch im Plattfisch. Meistens kann man diese problemlos mit den Fingern greifen und komplett rausziehen. Alternativ lassen sie sich gut mit einem Löffelstiel rauskratzen.

5 Jetzt gründlich abspülen – fertig für die Pfanne! Wer möchte, kann noch die Flossensäume mit einer Haushaltsschere abschneiden.

Das Schreiben und Zusammenstellen des Materials für dieses Buch fand ich sehr interessant und lehrreich. Es hat mir außerdem gezeigt dass es bei dieser Anzahl von Fischen – allein von der Art Knochenfische gibt es 30000 – unmöglich ist alles in einem Buch zu verarbeiten. So war es mir nicht möglich auch noch z.B. auf die Zierfische einzugehen. Auch über das Angeln und die verschiedenen Techniken des Angelns könnte man leicht ein Werk verfassen. Auf die verschiedene Arten von Speisefischen bin ich während meiner Arbeit immer wieder gestoßen, so dass ich beschlossen habe 2019 ein weiteres Buch nur über Speisefische zu machen. Den ursprünglichen Plan zwei weitere Bücher, eines über Süßwasser- und eines über Meeresfische zu machen, habe ich aufgegeben.

Rainer Wörtmann
Hamburg, November 2017

Rainer Wörtmann
war u. a. Chefredakteur der
Zeitschrift „PLAYBOY",
Art Director der Zeitschrift
„TransAtlantik",
verantwortlicher Redakteur
des Titelbildes
„DER SPIEGEL", sowie
Mitglied der Chefredaktion
„SPIEGEL special".

Bereits erschienene Bücher:

„Leicht lernen mit Eselsbrücken",
ISBN 3-8334-0035-8;

„Tipps rund ums Kochen",
ISBN 978-37322-9878-5.

„WEIN -
100 Fragen & 100 Antworten"
ISBN 978-3- 7347-6480-6

„WETTERREGELN"
gesammelte Bauernweisheiten
ISBN 978-37448-7101-3

Was Sie schon immer über
KÄSE
wissen wollten
ISBN 9783744871280

Rainer Wörtmann
lebt als freier Medienberater
in Hamburg und Italien.